Diseños en la escuela

Bela Davis

Abdo Kids Junior es una subdivisión de Abdo Kids
abdobooks.com

¡DISEÑOS DIVERTIDOS!

abdobooks.com

Published by Abdo Kids, a division of ABDO, P.O. Box 398166, Minneapolis, Minnesota 55439. Copyright © 2019 by Abdo Consulting Group, Inc. International copyrights reserved in all countries. No part of this book may be reproduced in any form without written permission from the publisher. Abdo Kids Junior™ is a trademark and logo of Abdo Kids.

Printed in the United States of America, North Mankato, Minnesota.

102018

012019

Spanish Translator: Maria Puchol

Photo Credits: iStock, Shutterstock

Production Contributors: Teddy Borth, Jennie Forsberg, Grace Hansen

Design Contributors: Christina Doffing, Candice Keimig, Dorothy Toth

Library of Congress Control Number: 2018953857

Publisher's Cataloging-in-Publication Data

Names: Davis, Bela, author.

Title: Diseños en la escuela / by Bela Davis.

Other title: Patterns at school

Description: Minneapolis, Minnesota : Abdo Kids, 2019 | Series: ¡Diseños divertidos! | Includes online resources and index.

Identifiers: ISBN 9781532183737 (lib. bdg.) | ISBN 9781641857154 (pbk.) | ISBN 9781532184819 (ebook)

Subjects: LCSH: Pattern perception--Juvenile literature. | School environment--Juvenile literature. | Mathematics--Miscellanea--Juvenile literature. | Spanish language materials--Juvenile literature.

Classification: DDC 006.4--dc23

Contenido

Diseños en
la escuela. 4

Algunos tipos
de patrones 22

Glosario 23

Índice 24

Código Abdo Kids . . .24

Diseños en la escuela

Hay diseños por todas partes.

¡Incluso en las escuelas!

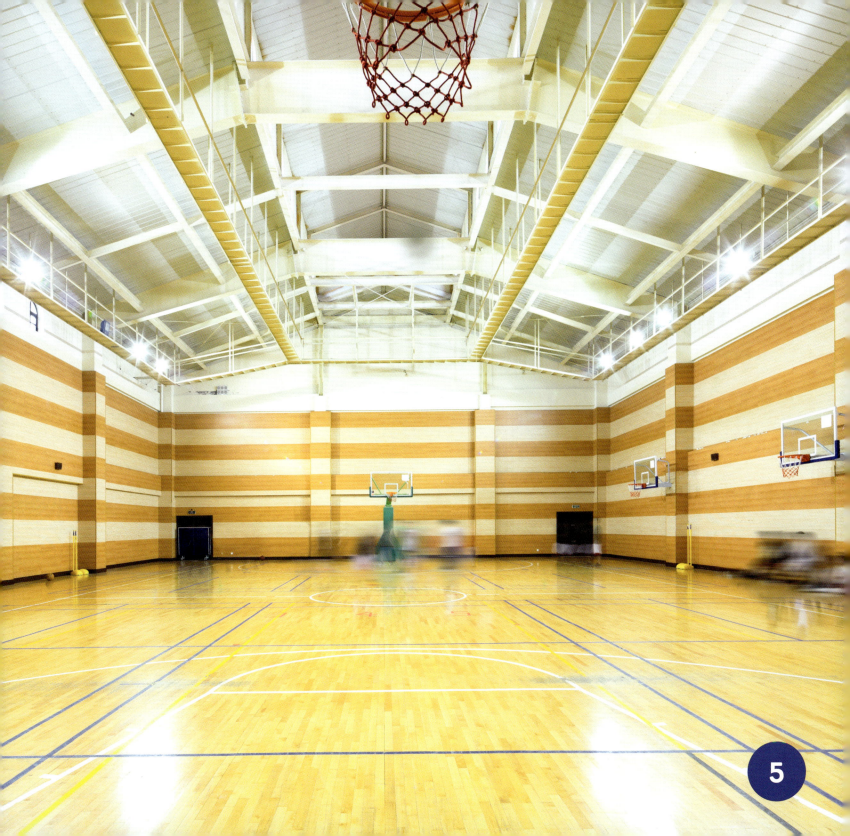

Un diseño con elementos repetidos en un orden es un patrón. Los patrones pueden crearse de muchas cosas diferentes.

Tim crea un patrón con materiales de la escuela.

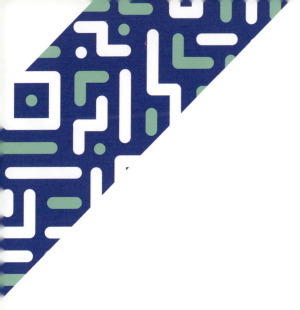

Una mochila puede tener un patrón. La de Amy tiene rayas. La de Mia tiene puntos.

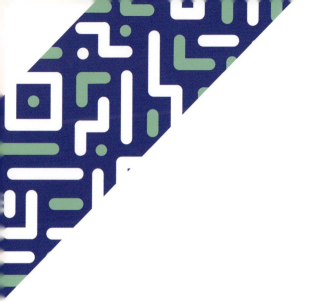

Kayla toca música. Hace una **serie** de sonidos. Ding, dong, dang. Ding, dong, dang.

Dan **practica** su escritura. Las líneas forman un patrón.

María juega a la rayuela en el recreo. Los cuadrados y los números forman patrones.

¡Por ahí viene el autobús!

Los autobuses muestran una **serie** de colores y formas.

Mira a tu alrededor.

¿Qué patrones ves?

Algunos tipos de patrones

patrón de colores

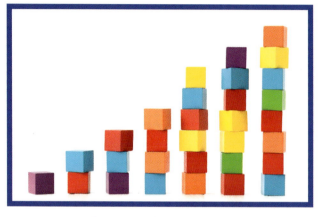
patrón de tamaño

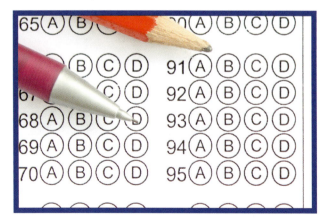
patrón con letras

patrón según la posición

Glosario

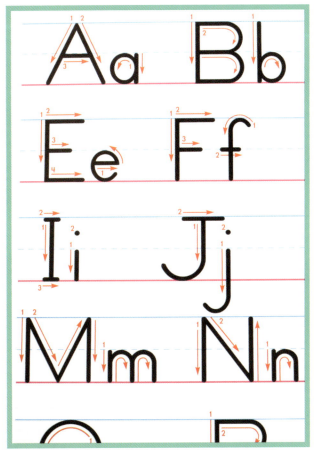

practicar
hacer algo muchas veces para mejorar.

serie
conjunto de cosas relacionadas entre sí, que se dan una después de otra.

Índice

autobús escolar 18

color 4, 18

forma 4, 16, 18

línea 14

materiales 8

mochila 10

rayuela 16

sonido 12

¡Visita nuestra página abdokids.com y usa este código para tener acceso a juegos, manualidades, videos y mucho más!

Código Abdo Kids: PPK7931